Made in the USA
Middletown, DE
28 August 2022

72517242R00064